L'homme qui jouait pour perdre

Laurence M. Janifer

Writat

Cette édition parue en 2023

ISBN : 9789359253107

Publié par
Writat
email : info@writat.com

Selon les informations que nous détenons, ce livre est dans le domaine public. Ce livre est la reproduction d'un ouvrage historique important. Alpha Editions utilise la meilleure technologie pour reproduire un travail historique de la même manière qu'il a été publié pour la première fois afin de préserver son caractère original. Toute marque ou numéro vu est laissé intentionnellement pour préserver sa vraie forme.

L' HOMME QUI A JOUÉ POUR PERDRE

Par LARRY M. HARRIS

Parfois, la meilleure chose que l'on puisse faire est de perdre. Le germe du choléra, par exemple, ne demande rien de mieux que d'être avalé vivant.

Illustré par Douglas

Quand je suis entré dans la salle de contrôle, le capitaine m'a regardé d'un ensemble de cartes. Il s'est levé et m'a salué et je l'ai rendu, sans en faire une cérémonie. "Une demi-heure avant l'atterrissage, monsieur", dit-il.

Cela m'a énervé. Cela m'énerve toujours. "Je ne suis pas un officier", dis-je. "Je ne suis même pas un soldat."

Il hocha la tête, trop rapidement. "Oui, M. Carboy," dit-il. "Désolé."

J'ai soupiré. "Si vous voulez saluer", lui ai-je dit, "si cela vous rend *plus heureux* de saluer, allez-y. Mais ne m'appelez pas 'Monsieur'. Cela ferait de moi un officier, et je n'aimerais pas être officier. J'en ai rencontré trop.

Cela ne l'a pas mis en colère. Il n'était rien d'autre que servile, impressionné et désireux de plaire. "Oui, M. Carboy," dit-il.

J'ai cherché une cigarette dans mes poches, j'en ai trouvé une tasse et j'en ai mis une dans ma bouche. Le capitaine était juste là avec une lumière, alors je la lui ai prise. Puis je lui ai proposé une cigarette. Il m'a remercié comme s'il s'agissait d'un ensemble complet de joyaux de la couronne.

Quelle différence cela faisait-il qu'il m'appelle ou non « Monsieur » ? J'étais toujours Dieu pour lui et je ne pouvais pas y faire grand-chose.

« Vouliez-vous quelque chose, M. Carboy ? m'a-t-il demandé en tirant sur sa cigarette.

J'ai hoché la tête. "Maintenant que nous nous rapprochons", lui dis-je, "je veux en savoir le plus possible sur cet endroit. J'ai subi une hypnose complète , mais une hypnose ne vaut que par les faits qu'elle contient, et les faits qui arrivent sur Terre peuvent être exagérés, modifiés, déformés ou même obsolètes. »

"Oui, M. Carboy," dit-il avec empressement. Je me demandais si, quand il en aurait fini avec sa cigarette, il garderait le mégot en souvenir. Il pourrait même l'encadrer, me suis-je dit. Après tout, je le lui avais donné, n'est-ce pas ? Le magnifique M. Carboy, qui se comporte presque comme un être humain ordinaire, avait en fait offert une cigarette à un pauvre et respectueux capitaine de vaisseau spatial.

Cela m'a donné envie de faire des trous dans les cloisons. Non pas que je n'aie pas eu le temps de m'habituer au traitement ; chaque homme de mon corps reçoit une pleine dose de respect et de respect de la part des services, des représentants du gouvernement et même des Cabinets unis. La seule raison pour laquelle nous ne recevons pas cette information de l'homme de la rue, c'est que l'homme de la rue – à moins qu'il ne s'agisse d'un homme très spécial dans une rue très inhabituelle – ne connaît pas l'existence du corps. Ce qui est d'ailleurs un vrai soulagement ; au moins, hors travail, je ne suis rien de plus qu'Ephraim Carboy, citoyen.

J'ai tiré une bouffée de cigarette et le capitaine m'a emboîté le pas avec beaucoup de respect. J'avais envie de lui crier dessus mais je gardais une voix polie. « La guerre est définitivement finie, n'est-ce pas ? J'ai dit .

Il haussa les épaules. "Cela dépend, M. Carboy", dit-il. "Les armées se sont rendues et le traité a été signé. Cela s'est produit avant même que nous quittions la Terre, il y a trois ou quatre semaines. Mais si vous pouviez dire que la guerre était finie... eh bien, M. Carboy, cela dépend."

"Guérillas", dis-je.

Il acquiesca. "Wohlen est essentiellement un monde de jungle", a-t-il déclaré. « Soixante pour cent d'eau, bien sûr, mais en dehors de cela, il y a quelques villes, deux spatioports, et le reste – quatre-vingt ou quatre-vingt-dix pour cent de la superficie terrestre – rien que de la jungle. Quelques routes allant de ville en ville, mais c'est tout."

"Bien sûr," dis-je. Il était prudent et précis. Je me demandais ce qu'il pensait que je ferais si je le surprenais en train de commettre une erreur. Faites une passe magique et faites-le exploser comme une bombe, probablement. J'inspirai encore un peu de fumée, me demandant si le Capitaine pensait que j'avais des pouvoirs psi – ce qui, bien sûr, n'était pas le cas ; je n'en avais pas besoin dans mon travail - et je pensais avec aigreur au temps qu'il me faudrait avant que le travail soit terminé et que je sois sur le chemin du retour.

Là encore, me suis-je dit, il y avait toujours un risque de se faire tuer. Et dans l' état d'esprit dans lequel je me trouvais, l'idée d'une mort paisible et irrespectueuse était très agréable.

En tout cas, pendant une seconde ou deux.

« Le gouvernement détient les villes », disait le capitaine , « et les services commerciaux essentiels – les ports spatiaux, ce genre de choses. Mais un petit groupe d'hommes peut survivre longtemps dans la nature.

"Je vis à l'étranger", dis-je.

Il hocha de nouveau la tête. " Les normales terrestres de Wohlen sont de neuf à neuf ", a-t-il déclaré. "Mais vous le savez déjà."

"Je sais tout cela", dis-je. "J'essaie juste de le mettre à jour un peu, si je peux."

"Oh," dit-il. "Oh, certainement, S... euh... M. Carboy."

J'ai soupiré et tiré sur la cigarette et j'ai attendu qu'il continue. Après tout, qu'y avait-il d'autre à faire ?

Étonnamment, l' hypnose avait été à peu près précise. Cela a été utile ; si j'avais entendu des faits nouveaux et surprenants de la part du capitaine , cela aurait mis en doute toutes les autres informations que j'avais. Maintenant, je pouvais être presque sûr de ce dans quoi je m'embarquais.

Au moment où nous avons atterri, le capitaine avait terminé et je repassais en revue les principaux points dans ma tête, pour un contrôle de dernière minute.

Wohlen, installé dans la quatre-vingt-cinquième année de l'Explosion, avait instauré une forme de gouvernement parlementaire, généralement organisé selon le modèle habituel : bicaméral, électif et assez lent. Les relations commerciales avec la Terre et avec les six autres planètes habitées s'étaient établies aussi rapidement que possible, et Wohlen était devenu membre à part entière du Comité en trente ans.

Les choses avançaient alors avec une relative douceur depuis un certain temps. Mais une sorte d'explosion était inévitable — cela arrive toujours — et, très récemment, ce gentil gouvernement parlementaire avait explosé à la face de tout le monde.

La configuration semblait rappeler quelque chose, mais il m'a fallu un certain temps avant de comprendre : les anciens États sud-américains, à l'époque pré-spatiale, avant que les Cabinets unis ne parviennent à unifier la Terre une fois pour toutes. Il y avait eu des élections sur Wohlen et le perdant ne s'était pas gracieusement retiré du tableau pour constituer une opposition loyale. Au lieu de cela, il était revenu sur ses pattes arrière, accusant le vainqueur de toutes sortes de choses horribles – dont certaines, autant que je sache, pourraient même être vraies – et avait déclaré l'indépendance de Wohlen à l'égard du Comité. Ce qui signifiait, en fait, l'indépendance de toute forme de loi interplanétaire.

Bien entendu, il n'avait aucun droit de faire une quelconque proclamation. Mais il y était parvenu, et il allait obtenir le droit de le faire respecter. C'est ainsi que fut formée l'armée de William F. Sergeant ; Le sergent, toujours en train de faire des proclamations, rassembla un groupe d'hommes de bonne taille et marcha sur la capitale, New Didymus. Le gouvernement en place a riposté avec sa propre armée et, pendant huit mois, aucune des deux parties n'a pu obtenir un avantage vraiment décisif.

Ensuite, les forces gouvernementales, se rassemblant après une défaite mineure près d'un endroit connu sous le nom d'Andrew's Farm, ont vaincu une force d'attaque, capturé le sergent et deux de ses principaux généraux, et ont continué leur route à partir de là. Le traité a été signé dans les huit jours.

Malheureusement, certains des partisans de Sergeant étaient des chasseurs et des bûcherons...

D'ordinaire, un mouvement de guérilla, s'il ne s'arrête pas de lui-même, peut être stoppé en quelques semaines. Lorsqu'un monde est constitué principalement de villes, de petites villes, etc., et seulement d'un peu de jungle, les groupes peuvent être embouteillés et détruits. Et la plupart des guérilleros ne sont pas très expérimentés dans leur travail ; une petite bande d'hommes perdus dans les bois ne peut pas faire beaucoup de dégâts.

Mais un petit groupe de bûcherons, sur une planète composée principalement de jungle, est une autre affaire. Ces hommes connaissaient le terrain, étaient capables de vivre de leur pays avec un minimum d'effort et savaient exactement où frapper pour bloquer les routes et les transports, mettre fin aux services essentiels sur la planète et, en général, mettre un bon enfer avec l'économie de la planète. .

donc appelé la Terre et les Cabinets unis ont commencé à chasser. Bien sûr, ils ont créé notre corps : les dépanneurs, les garçons peu orthodoxes, les Saintes Idoles. Et le corps a péché et est venu vers moi.

Cela ne me dérangeait pas vraiment : de toute façon, les vacances ont tendance à devenir ennuyeuses au bout d'une semaine ou deux. Je n'ai aucun lien familial à entretenir et peu d'amis proches. La plupart d'entre nous sont comme ça ; J'imagine que c'est dans la nature du travail.

C'était un soulagement de revenir à l'action, même si cela impliquait de supporter les courbures que j'avais toujours.

Quand je suis sorti sur le terrain du port spatial, en fait, je me sentais plutôt bien. Il n'a fallu que dix secondes pour que cela change.

Le Président lui-même attendait, aussi près que possible des stands. C'était un petit homme potelé au visage rouge et il me souriait comme s'il était le Père Noël. "M. Carboy," dit-il d'une voix qui avait cruellement besoin de fourrage. "Je suis tellement contente que tu sois là. Je suis sûr que tu pourras faire quelque chose pour remédier à la situation."

"Je vais essayer", dis-je, me sentant stupide. Ce n'était pas le lieu d'une conversation, surtout pas avec le chef du gouvernement.

"Oh, je suis sûr que tu réussiras", m'a-t-il dit avec vivacité. "Après tout, M. Carboy, nous avons entendu parler de votre... ah... groupe. Oh, oui. Votre renommée est... ah... universelle."

"Bien sûr," dis-je. "Je ferai de mon mieux. Mais moins on me voit te parler, mieux ce sera."

"Néanmoins", dit-il. « Si nous devons nous rencontrer... »

"Si nous le faisons", dis-je, "il y a une série de signaux dans les journaux quotidiens. Vos services secrets devraient tout savoir, Monsieur le Président."

"Ah," dit-il. "Bien sûr. Certainement. Eh bien, M. Carboy, je tiens à vous dire à quel point je suis heureux—"

"Moi aussi", dis-je. "Au revoir."

Le problème du processus démocratique est qu'un groupe de personnes choisies au hasard peut élire des dirigeants stupides. Cela se produit depuis la Grèce antique, j'imagine, et cela continuera à se produire. Ce n'est peut-être pas fatal, mais c'est ennuyeux.

Mon travail, par exemple, consistait à soutenir ce petit homme idiot. J'ai dû travailler contre un groupe de guérilleros qui étaient encore plus démocrates, d'après tout ce que j'avais entendu, et qui semblaient avoir beaucoup de cerveaux communs et ordinaires. Bien sûr, je ne le faisais pas pour le président, mais pour le Comité dans son ensemble, et cela devait être fait.

Mais je ne peux pas honnêtement dire que cela m'a permis de me sentir mieux dans mon travail.

J'ai été chassé de la ville juste après avoir emballé mes provisions : deux jours de nourriture et d'eau dans un sac à dos grossier, une radio d'appel et quelques autres appareils spéciaux dont je ne pensais pas avoir besoin. Mais, me suis-je dit, on ne sait jamais... il y avait même un engin suicide, au cas où. Je l'ai rangé et je l'ai oublié.

La ville était une oasis au milieu de la jungle, avec des bâtiments blancs et propres et des rues et des promenades nettoyées de l'électricité statique. Il ne semblait pas y avoir de parc, mais ce n'était pas nécessaire. Il y avait plein de places de parc à l'extérieur.

La belle rue est devenue un quartier pauvre à 800 mètres de la ville et a dégénéré en un sentier difficile pour les véhicules terrestres peu de temps après. "Combien y a-t-il de personnes sur cette planète ?" J'ai demandé à mon chauffeur.

Il n'a jamais quitté la route des yeux. "Deux millions et demi, dernier recensement", dit-il avec beaucoup de respect.

Cela expliquait les choses , bien sûr. À mesure que la population augmentait, les villes s'étendaient et les forêts disparaissaient. Cela s'était produit sur Terre et sur toutes les planètes habitées. Par exemple, en 1850 encore, de vastes étendues de la ville de New York, où j'habite, étaient constituées de fermes et de forêts ; pourquoi, en 1960, la population n'était que d'environ huit millions d'habitants, et ils pensaient que l'endroit avait atteint son apogée.

Wohlen venait tout juste de commencer sa démarche de urbanisation de la planète. Donnez-lui encore cent cinquante ans et les guérilleros ne pourraient plus exister, par simple manque d'endroit où se cacher et vivre de manière indépendante.

Malheureusement, le gouvernement n'a pas eu cent cinquante ans. D'après ce que j'avais vu, le gouvernement n'avait pas cent cinquante jours. Le rationnement était en vigueur dans tous les marchés que nous avions croisés en sortant, et il semblait y avoir beaucoup de flics. C'est toujours un mauvais signe ; cela signifie que les processus normaux commencent à s'effondrer et que l'anarchie s'installe.

J'y ai pensé. Trois mois était une limite extérieure. Si je ne parvenais pas à terminer le travail en trois mois, autant qu'il ne soit jamais terminé.

C'est toujours agréable d'avoir une date limite, me suis-je dit.

La voiture s'est arrêtée à un endroit de la route qui ressemblait à n'importe quel autre endroit de la route. Je descendis, ajustai mon sac à dos et m'éloignai de la route, dans la jungle qui la bordait. L' hypnose que j'avais prise m'avait appris qu'il y avait des fermes disséminées dans la jungle, mais je ne savais pas exactement où et je ne voulais même pas le savoir. Le sac à dos était lourd, mais j'ai décidé que je pourrais supporter son poids.

En cinq minutes , j'étais entouré par la jungle, sans aucun moyen rapide de me dire où se trouvait la route. Il y avait un sentier, peut-être que des êtres humains l'avaient emprunté, mais ce n'était qu'une égratignure dans la végétation.

C'était vert, comme celui de la Terre, et surtout épineux. J'ai réussi à me gratter deux fois puis j'ai appris à m'esquiver. Après cela, le temps a passé lentement. J'ai continué à marcher, sans vraiment savoir où j'allais. Après quelques heures , j'étais bon et perdu, c'était exactement ce que je voulais. Il commençait à faire nuit, alors j'en ai profité pour allumer un feu. J'ai fouillé dans mon sac à dos, j'ai trouvé de la nourriture et j'ai commencé à la cuisiner. Je le regardais encore chauffer quand j'ai entendu le bruit derrière moi.

Ces garçons étaient bons. Il s'était faufilé à travers la jungle et s'était approché à quelques centimètres de moi sans que je l'entende. Je me levai comme si je ne m'attendais pas à lui et me retournai pour lui faire face.

Il avait éteint son radiateur et m'en couvrait. Je n'ai rien cherché ; Je viens de le regarder. C'était un homme grand, presque aussi grand que moi et solidement bâti, avec une mâchoire comme celle d'un bouledogue et de petits yeux pétillants. Sa voix était comme du fer rouillé. "Détends-toi", m'a-t-il dit. "Je ne vous brûle pas, Monsieur. Pas encore."

Je me suis obligé à le regarder de haut. "Qui es-tu?" J'ai dit .

"Le nom n'a pas d'importance", dit-il sans bouger le radiateur d'un pouce. "Ce qui est important c'est qui es- *tu* ? Et que fais-tu ici ?"

"Je m'appelle James Carson", dis-je. "Je viens d' Ancarta ." C'était une petite ville à l'autre bout de la planète, un endroit agréable et anonyme. "Et je m'occupe de mes propres affaires."

"Bien sûr," dit le grand homme. Il secoua la tête et siffla, une note soudaine et aiguë. La clairière était pleine d'hommes.

Il y en avait de toutes sortes, grands et petits, minces et gros, vêtus d'uniformes, de vieux vêtements, de costumes, de haillons, de n'importe quoi. La moitié d'entre eux portaient des radiateurs. Les autres avaient des couteaux, certains bons et d'autres faits maison. Ils m'ont surveillé et ils ont surveillé le grand homme. Personne n'a bougé.

"Peut-être que vous êtes un homme du gouvernement ", dit le grand homme, "et que vous êtes venu pour attraper certains des garçons de Bill Sergeant."

"Non J'ai dit.

Il m'a souri comme s'il ne m'avait pas entendu. "Eh bien," dit-il, "cela devrait être un lot assez gros pour vous, Monsieur. Vous voulez nous capturer tout de suite et nous ramener à New Didymus avec vous ?"

"Vous vous êtes trompé", dis-je.

Un autre homme a pris la parole. Il était plus âgé, dans la quarantaine, pensais-je. Ses cheveux étaient fins et gris mais son visage était dur. Il avait un radiateur attaché à son côté et il portait un bel uniforme. « Les hommes du gouvernement ne sortent pas un par un, n'est-ce pas, Huey ? il a dit.

Le grand homme haussa les épaules. "Pas moyen de le savoir", a-t-il déclaré. "Peut-être que M. Carson ici présent a un appel radio pour le reste de ses garçons. Peut-être qu'ils nous attendent tous, quelque part à proximité."

"S'ils attendent," dit l'autre homme, "ils seraient là maintenant. En plus, Huey, il ne ressemble pas à un homme du gouvernement."

"Tu crois qu'ils ont tous une queue ?" Lui demanda Huey.

J'ai jugé qu'il était temps de dire un mot. "Je ne fais pas partie du gouvernement", ai-je dit. "Je viens d' Ancarta . Je suis là pour vous aider – si vous êtes les hommes que je pense que vous êtes."

Cela a déclenché d'autres discussions. Huey était tout à fait d'accord pour qualifier mon offre de truc et de se débarrasser de moi sur-le-champ – après quoi, je suppose, il allait éliminer mes partisans mythiques dans la jungle voisine. Mais il était plutôt tout seul ; il doit y avoir une pomme pourrie dans le tonneau le mieux cueilli et ces garçons étaient intelligents. La seule chose sensée à faire était de les regarder en face, et il ne leur fallut pas longtemps pour s'en rendre compte.

"Nous te ramènerons avec nous", m'a dit l'ami de Huey. "Quand nous arriverons dans un endroit sûr, nous pourrons nous asseoir et en parler."

Je voulais insister pour finir mon dîner là où j'étais, mais il est possible de jouer un peu trop pour la tribune. Au lieu de cela, j'ai été regroupé au centre du groupe et nous avons marché dans la jungle.

Seulement, ce n'était pas une marche ; il n'y a eu aucune tentative de commande. Pendant un moment, nous avons emprunté le sentier, puis nous nous en sommes éloignés et avons marché en file indienne à travers des masses d'arbres, de buissons et de feuilles. Être au centre de la ligne a aidé un peu mais pas suffisamment ; les épines ont continué à traverser et j'ai eu encore quelques belles égratignures. Le voyage a duré environ une demi-heure et lorsque nous nous sommes arrêtés, nous étions devant l'entrée d'une grotte.

Le groupe est entré et je suis allé avec eux. Il y avait de la lumière, des piles et ce qui semblait être tout le confort d'une petite prison de ville mal entretenue. Mais c'était mieux que la jungle nue. J'étais toujours en train de porter mon sac à dos et, lorsque nous sommes entrés dans la grotte , je l'ai détaché, je me suis assis et je l'ai ouvert. Les hommes m'observaient sans chercher à le cacher.

La première chose que j'ai sorti était une boîte de conserve à chaleur instantânée. Cela ne ressemblait pas à une bombe, donc personne n'a rien fait. Ils ont juste continué à regarder pendant que j'arrivais à mon appel radio.

Huey a dit : « Qu'est-ce que c'est ! et est venu me chercher.

Je me levai, renversant le sac à dos, et m'apprêtai à le tenir à l'écart ; mais je n'en avais pas besoin, pas à ce moment-là. Trois des autres se sont précipités sur lui, comme des chiens sur un ours, et l'ont maintenu au sol. L'ami de Huey était à mes côtés lorsque je me suis retourné. "Comment ça se fait?" il a dit. "Qui comptez-vous appeler ?"

"J'ai dit que je voulais t'aider", lui ai-je dit. "C'est ce que je voulais dire."

"Bien sûr," dit-il doucement. "Pourquoi devrais-je le croire ?"

"Je sais où tu te trouves, et je—"

Il ne m'a pas laissé la chance de finir. "Maintenant, attendez une minute", dit-il. "Et ne touche pas à cette boîte. Nous avons quelques discussions à faire."

"Tel que?"

"Par exemple, comment vous avez réussi à arriver ici depuis Ancarta et pourquoi", a-t-il déclaré. "Par exemple, ce que signifie tout ce discours sur notre aide et à quoi sert la radio. Beaucoup de discussions."

J'ai décidé qu'il était temps de faire preuve d'un peu plus d'indépendance. "Je ne parle pas à des gens que je ne connais pas", ai-je dit.

Il m'a regardé de haut en bas, en prenant son temps. Huey en avait calmé certains, et notre conversation était l'attraction principale. Finalement, il haussa les épaules. "Je suppose que vous ne pouvez pas faire de mal, pas tant que nous gardons un œil sur votre boîte ", dit-il. Il m'a donné son nom comme si cela n'avait pas d'importance. "Je m'appelle Hollerith", dit-il. "Général Rawlinson Hollerith."

Je lui ai donné automatiquement l'histoire préparée ; il s'est déroulé mais je n'y pensais pas. Il m'avait offert ma première vraie surprise ; Je pensais que Hollerith avait été tué à Andrew's Farm et, autant que je sache, le gouvernement aussi. Au lieu de cela, il était là, vivant et en pleine forme, faisant un très bon travail en travaillant avec un gang de guérilla. Je me demandais qui serait Huey, mais cela ne semblait pas être le moment de le demander.

Bien sûr, l'histoire était bonne. Naturellement, ce n'était pas une preuve de quoi que ce soit, ni même susceptible d'une preuve sur-le-champ ; ce n'était pas censé être le cas. Je ne m'attendais pas à ce qu'ils l'achètent sans l'avoir vu, mais j'avais prévu que cela me laisse un peu de temps jusqu'à ce que je puisse passer à l'étape suivante.

James Carson, ai-je dit à Hollerith, était une roue assez grande autour d'Ancarta . Il n'avait pas de sympathie pour le gouvernement, mais il n'avait pas combattu dans les armées révolutionnaires ni été actif de manière ouverte.

"Pourquoi pas?" m'a-t-il lancé.

"J'avais plus de valeur là où j'étais", ai-je dit. "Il y a beaucoup de choses qui peuvent être faites avec de la paperasse en matière de sabotage."

Il acquiesca. "Je vois," dit-il. "Je vois ce que tu veux dire."

"J'ai travaillé dans l'un des ministères du gouvernement", ai-je déclaré. "Cela m'a permis de transmettre des informations aux hommes du sergent à proximité. Cela m'a également donné un bon endroit pour mélanger les commandes et les expéditions."

Il hocha de nouveau la tête. "C'est l'un des avantages d'une guérilla", a-t-il déclaré. "Le côté administratif n'existe pas vraiment ; nous pouvons vivre de la campagne. Je pense que, sur une zone aussi vaste que celle que nous pouvons couvrir sur Wohlen, nous ne pouvons pas être anéantis."

Bien sûr, ce n'était que son opinion ; mais ce n'était pas facile pour moi. Sa vue m'avait beaucoup secoué et j'ai commencé à penser que je devrais me débarrasser de lui. Ce serait désagréable et dangereux, me disais-je. Mais il ne semblait y avoir aucune aide pour le moment.

"A propos de l'information", a-t-il déclaré. « Vous étiez étroitement surveillé – toute personne travaillant pour le gouvernement aurait dû l'être. Comment avez-vous fait circuler vos informations ? »

J'ai hoché la tête en direction de la radio. "Ce n'est pas un appel radio normal", dis-je avec une parfaite vérité. "Son fonctionnement est indétectable par les méthodes normales. Je ne suis pas un expert, donc je n'entrerai pas dans les détails techniques ; il suffit que la radio fonctionne."

"Alors pourquoi venir chez nous ?" dit Hollerith. "N'y a-t-il pas des guérilleros dans les environs d'Ancarta avec lesquels travailler ?"

J'ai secoué ma tête. "Seulement quelques minorités plus ou moins… ah… mécontentes", dis-je. C'était vrai aussi. "Ils ont semé l'enfer pendant environ un jour, puis sont entrés et se sont rendus. Le réseau de guérilla sur la planète entière, monsieur, est sous votre commandement."

Il secoua la tête. "Ce n'est pas mon ordre", a-t-il déclaré. "C'est une démocratie. Vous avez rencontré Huey... mon infirmier, autrefois. Mais maintenant, il a autant de voix que moi. Sauf pour les questions d'experts."

Des cinglés. Mais j'ai écouté. La démocratie était la base de leur groupe ; chaque mouvement a été voté par l'ensemble du groupe, dans la mesure du possible. "Nous ne sommes pas une dictature", a déclaré Hollerith. "Nous n'avons pas l'intention de le devenir."

C'était agréable d'entendre ça; cela signifiait que, peut-être, je n'aurais pas à me débarrasser de lui après tout. "Quoi qu'il en soit," dis-je, "vos hommes semblent être les seuls à agir en faveur du sergent."

Il l'a pris sans broncher. "Alors nous avons besoin d'aide", a-t-il déclaré. "Pouvez-vous le fournir?"

"Je peux vous procurer des armes", dis-je. "Bénévoles. Fournitures."

Il y eut une petite pause.

"Qui pensez vous être?" dit Hollerith. "Dieu?"

Je ne lui ai pas dit que, de son point de vue, j'habitais l'autre moitié de l'univers théologique. D'une manière ou d'une autre, cela ne semblait pas nécessaire.

Les hommes commencèrent à arriver au bout d'une semaine, certains transportant des provisions et des armements pour tous les autres. Hollerith était fou de joie, et même Huey a cessé de me regarder avec méfiance. Entre-temps, je vivais avec les guérilleros, je mangeais et je dormais avec eux, mais on ne me faisait pas vraiment confiance. Il y avait un groupe d'hommes choisis pour veiller sur moi à tout moment, et j'ai réussi à me lier un peu d'amitié avec eux, mais pas vraiment. Au cas où je me révélerais être un pou, personne ne voudrait verser des larmes sur ma tombe anonyme.

Jusqu'à l'arrivée des hommes, il n'y a eu aucun raid ; Hollerith, très raisonnablement, voulut attendre mes renforts et il emporta avec lui la majeure partie du groupe. Huey était tout à fait d'accord avec moi pour me tuer et poursuivre mes opérations normales ; Je ne pense pas qu'il ait vraiment eu confiance en moi, même après l'arrivée des renforts.

J'avais passé l'appel sur ma radio, à l'écoute de Hollerith. J'avais demandé cent cinquante hommes – une force à peine plus grande que celle que Hollerith avait commandée jusqu'alors – trois cents appareils de chauffage avec des munitions et des fournitures assorties, quelques gros canons lançant des obus explosifs et de la dynamite. J'ai ajouté de la dynamite parce que cela ressemblait au genre de chose que les guérilleros devraient avoir, et Hollerith ne semblait pas s'en soucier. Sur ses instructions, je leur ai donné un itinéraire sûr, en supposant qu'ils commençaient près de New Didymus ; en fait, bien sûr, certains de mes frères de corps recrutaient dans d'autres parties de la planète et le gouvernement avait reçu pour instruction de ne retenir aucun d'entre eux. Je ne dirai pas que le Président Père Noël a compris ce que je faisais, mais il m'a fait confiance. Il avait la foi, ce qui était pratique.

Hollerith était ravi lorsque les renforts arrivèrent. "Maintenant, nous pouvons vraiment commencer à travailler", m'a-t-il dit. "Maintenant, nous pouvons commencer à riposter de manière importante. Fini de nous faufiler, de faire de petits boulots—"

Il voulait commencer tout de suite. J'ai failli lui rire au nez ; il était désormais établi que je n'avais pas besoin de me débarrasser de cet homme. S'il avait décidé de retarder la grande attaque… mais il ne l'avait pas fait.

Alors bien sûr, je l'ai aidé à élaborer quelques plans. Les bons aussi ; le meilleur que j'ai pu trouver.

Le meilleur du meilleur.

« Le problème, me dit tristement Hollerith, un jour ou deux plus tard, sera de convaincre les autres. Ils veulent faire quelque chose de dramatique – faire exploser la planète, très probablement.

J'ai dit que je ne pensais pas qu'ils envisageaient d'aller aussi loin et, de toute façon, j'avais une idée qui pourrait aider. "Vous voulez prendre le dépôt d'armements de l'armée près de New Didymus", dis-je. "Cela constituerait une bonne démonstration de force et affaiblirait toute représailles pendant que nous nous préparons à repartir."

"Bien sûr", dit-il.

"Alors pense à tous les feux d'artifice que tu auras", dis-je. "Des bombes explosent, des radiateurs explosent, des piles d'armes explosent en même temps - le 4 juillet, le 14 et le jour de Guy Fawkes, tout à la fois, avec une petite touche d'Armageddon pour la saveur. Sans parler du Nouvel An chinois. ".

"Mais-"

"Vendez-le de cette façon", ai-je dit. "Le drame. La superbe image. L'excitation. Ça, croyez-moi, ils l'achèteront."

Il fronça les sourcils en y réfléchissant. Puis le froncement de sourcils s'est transformé en un sourire. « Par Dieu, dit-il, c'est possible.

Et ils l'ont fait. La conférence et les élections ont été assez houleuses. Tous les nouveaux patriotes s'en allèrent faire sauter les bâtiments gouvernementaux les uns après les autres, encore plus enthousiastes que les membres d'origine. C'était tout à fait naturel ; Mes instructions aux recruteurs avaient été de choisir les hommes antigouvernementaux les plus violents et les plus bouillonnants qu'ils pouvaient trouver à envoyer, et c'est ce que nous avons obtenu. Mais Hollerith leur a donné un discours et le vote, lorsqu'il a eu lieu, a été massivement en faveur de son plan.

Même Huey était enthousiaste. Il est venu vers moi après la réunion et m'a frappé dans le dos ; Je suppose que c'était destiné à l'amitié, même si cela ressemblait davantage à du sabotage. "Hé, je pensais que tu n'étais pas bon", dit-il. "Je pensais que tu étais... oh, tu sais, un gamin d'espion."

"Je sais," dis-je.

"Eh bien, Monsieur," dit-il, "croyez-moi, j'avais tort." Il en frappa encore. J'ai essayé de donner l'impression que ça me plaisait ou, en tout cas, que je pouvais le supporter. "Tout va bien, Monsieur", dit-il. "Tu vas bien"

Un jour , me suis-je dit, j'allais emmener Huey pour moi tout seul, quelque part dans une ruelle sombre. Il ne semblait pas y avoir beaucoup de chances de tenir ma promesse, mais j'y suis parvenu quand même et je me suis éloigné.

La réunion avait fixé l'attaque à trois jours, ce qui était une victoire morale pour Hollerith ; les hommes étaient tous favorables à y parvenir dans les cinq minutes suivantes. Mais il a dit qu'il avait besoin de temps – c'est une bonne chose, me suis-je dit, qu'il n'ait pas dit pourquoi il en avait besoin. Car quelques heures plus tard, juste après le lever du soleil le lendemain matin, l'entraînement commençait et Hollerith avait les mains pleines d'ennuis.

Les hommes nouveaux n'en voyaient pas l'utilité. " Bon sang ", s'est plaint l'un d'eux, " tout ce qu'on a à faire, c'est de monter et de lancer une bombe dans l'endroit. Nous n'aimons pas toutes ces plaisanteries d'abord. "

Les « s'amuser » impliquaient un entraînement dans la jungle : comment marcher tranquillement, comment éviter de se faire couper par une vigne, etc. Cela impliquait également la formation de deux groupes d'attaque distincts pour les plans de Hollerith. Cela signifiait entraîner les groupes à se déplacer séparément et chaque groupe à rester ensemble.

Et il y avait d'autres détails : comment allumer un radiateur depuis le troisième rang sans incinérer un camarade du premier rang ; repérage des signaux, en cas d'urgence et de changements soudains de plan ; l'utilisation de la dynamite, son entretien et son alimentation ; choisir des cibles – et ainsi de suite. Les trois jours de Hollerith semblaient assez courts quand on pensait à ce qu'ils avaient à couvrir.

Mais les nouveaux hommes n'aimaient pas ça. Ils voulaient de l'action. "C'est pour cela que nous avons signé", ont-ils déclaré. "Pas tout cet exercice. Bon sang, nous ne sommes pas une armée, nous sommes des guérilleros."

Les anciens et les membres les plus sensés du groupe faisaient de leur mieux pour convaincre les nouveaux hommes de s'aligner. Certains officiers ont essayé de leur faire faire la queue.

Mais le discours a été ignoré. Et en ce qui concerne les officiers, eh bien, la vieille guerre civile aux États-Unis a mis à l'épreuve pendant un certain temps une armée démocratique, des deux côtés. Malheureusement, élire vos dirigeants n'est pas une manière efficace de gérer les choses. L'homme le plus populaire fait le meilleur officier aussi souvent que l'homme le plus populaire fait le meilleur juge pénal. Ou ingénieur, d'ailleurs. La guerre n'est pas une affaire démocratique.

Celui-ci, cependant, semblait l'être. L'élection massive des dirigeants était l'une des règles, tout comme le vote sur les décisions du personnel. Les hommes nouveaux étaient plus nombreux que les anciens. De nouveaux officiers furent élus, ce qui stoppa les ordres.

Hollerith était aux deux tiers environ de sa folie lorsque les trois jours furent écoulés et que l'heure de l'attaque arriva. À la tombée de la nuit, l'atmosphère autour de la grotte était aussi tendue qu'elle pouvait l'être sans se transformer en véritable éclair. C'était une nuit chaude et calme ; la lune unique était au quart pleine mais elle jetait beaucoup plus de lumière que la lune terrestre ; nous nous sommes noircis et Hollerith a révisé les plans. Nous étions toujours divisés en deux groupes : des groupes en lambeaux, mais des groupes. La première vague devait contourner le dépôt par la gauche, attaquant de toutes ses forces avec tous les armements et un peu de dynamite.

Lorsque les choses atteignaient leur paroxysme dans cette direction, la deuxième force devait arriver par la droite et déclencher son propre feu d'artifice. Résultat (espéré par Hollerith) : démolition, confusion, catastrophe.

C'était un bon plan. Hollerith n'était visiblement plus sûr de ses propres hommes – et je ne l'aurais pas été non plus à sa place. Mais il avait l'avantage de la surprise et des armes supérieures ; il espérait clairement que cela contrebalancerait le manque de discipline, d'entraînement et d'ordre au sein de ses forces. De plus, il ne pouvait rien faire d'autre ; il a été mis en minorité, sur toute la ligne.

Je partis sans aucun scrupule avec le deuxième groupe d'attaque. Nous étions sous le commandement d'un homme grand et timide, portant des lunettes, qui ne ressemblait pas à grand-chose, mais il avait été trappeur avant la guerre et était l'un des premiers guérilleros, étonnamment, et cela signifiait qu'il était probablement beaucoup plus dur et plus compétent qu'il ne le paraissait. Installer des pièges pour les animaux de Wohlen, par exemple, n'était absolument pas une tâche réservée aux chétifs ou aux effrayés. Le premier groupe était sous le commandement de Huey.

Hollerith est resté avec son propre petit groupe en tant que « réserve » ; en fait, il voulait superviser la bataille, et les hommes étaient tout à fait disposés à le laisser faire, après avoir mis une idée dans leur tête démocratique : Hollerith était un homme trop précieux pour que les guérilleros le perdent.

Mais je ne l'étais pas, bien sûr. J'avais fait ma part; J'avais trouvé les volontaires. Maintenant, je pourrais aller mourir pour la gloire comme les autres.

Le problème, c'est que je ne voyais aucune issue. J'ai marché dans la pénombre avec les autres et nous avons réussi à faire étonnamment peu de bruit. Quoi qu'il en soit, les animaux de Wohlen étaient actifs et remuants, ce qui aidait.

Finalement, le dépôt apparut au clair de lune, avec la ville à quelque distance derrière lui. Il y avait une clôture métallique et une sentinelle, immédiatement en vue derrière lui, des bâtiments carrés en blocs dans une clairière. Au-delà, il y avait une autre clôture, puis encore un peu de jungle, et enfin la ville. À cinquante mètres de la clôture, dans le dernier écran d'arbres, nous nous sommes arrêtés et avons attendu.

Le premier groupe était de l'autre côté de la clôture et je ne pouvais ni les voir ni les entendre. L'attente semblait durer des heures ; peut-être qu'une minute et demie s'est écoulée. Puis le premier radiateur s'est éteint.

La sentinelle se retourna et tira sans vraiment réfléchir. Il n'avait aucun moyen de savoir sur quoi il tirait. D'autres radiateurs sont sortis de la jungle, puis ils ont commencé à arriver. Il y avait beaucoup de bruit.

Les garçons criaient, se précipitant par-dessus le grillage et à travers celui-ci, allumant sauvagement les radiateurs. Il y avait désormais des lumières dans les bâtiments, et un groupe d'hommes triés sur le volet sortit de l'un d'eux, se balançant en file indienne ; les radiateurs les ont coupés en morceaux avant qu'ils n'aient eu la moindre chance. Une tour lumineuse s'est allumée, puis les très gros canons ont démarré.

Les guérilleros ont alors commencé à comprendre. Les grands de la tour d'armement brûlaient des trous dans leur ligne, et le bruit empirait ; les hommes criaient, juraient et mouraient et les radiateurs fonctionnaient toujours. J'ai détourné les yeux et j'ai regardé le chef de notre groupe. Il était en équilibre sur la pointe de ses pieds, penché en avant ; il resta ainsi, sa tête hochant très lentement de haut en bas, pendant une seconde entière. Puis il a crié et a levé le bras et nous l'avons suivi, une foule hurlante se dirigeant vers l'enfer.

Les gros canons pivotèrent dans l'autre sens et pendant quelques secondes nous n'eûmes aucun problème. Nos garçons ne jouaient pas trop avec les radiateurs ; au lieu de cela, la dynamite a commencé à voler. Allumez la mèche, ramassez-la, soulevez, puis reculez et regardez. Feux d'artifice. Excitation. Eh bien, c'était ce qu'ils voulaient, n'est-ce pas ?

Il y a eu une explosion lorsqu'un petit paquet a atterri à l'intérieur de la clôture, dans une cour. Puis un autre, les flashs illuminant les visages et les corps en mouvement. Je me suis retrouvé à crier avec les autres.

Puis le gros s'est éteint.

L'un des paquets de dynamite était tombé au bon endroit. Les munitions explosèrent avec un bruit sourd qui secoua le sol et la lumière était trop vive pour qu'on puisse y regarder. Je suis tombé à plat et les autres aussi ; Je m'interrogeais sur les obus solides qui explosaient et se déchaînaient, mais il n'y en avait pas. La lumière s'est atténuée, puis elle a recommencé à grandir.

J'ai levé la tête et j'ai vu des flammes. Puis je me suis levé et j'ai vu les autres se lever aussi. J'ai tourné la tête vers la jungle. Certains d'entre eux m'ont suivi, ainsi que certains du premier groupe ; l'ordre était entièrement perdu et nous n'étions plus que les fragments d'une foule hurlante, délirante et victorieuse. Je suis retourné à la base.

Derrière moi, le dépôt de munitions brûlait vivement. Le raid était terminé.

Ce fut évidemment un succès sans réserve. Les guérilleros ont accompli le meilleur travail de leur carrière.

Jusqu'à présent.

Hollerith était de retour à la grotte avant moi. Mettez cela sur le compte d'un raccourci ou simplement de plus de pratique dans la jungle. Quand je suis entré , il avait l'air terrible, âgé d'environ cent douze ans et rétréci. Mais mon apparition parut le réveiller un peu. Il fit un geste et les autres personnes présentes dans la grotte – trois ou quatre – sortirent. L'un d'entre eux se tenait à l'entrée.

Il y eut un silence. Hollerith m'a fait une grimace. "Vous travaillez pour le gouvernement", a-t-il déclaré. Ce n'était pas une question.

J'ai secoué ma tête. "JE-"

"Gardez-le", dit-il. "James Carson d' Ancarta est une identité de couverture, c'est tout. Je vous le dis, je *sais* ."

Il n'avait pas l'air prêt à allumer un radiateur. J'ai attendu une seconde. Le silence devint plus fort. Puis j'ai dit : "Très bien. Comment le sais-tu ?"

Encore la grimace, tordue et à moitié humoristique. "Eh bien, parce que vous m'avez trouvé des recrues", dit-il. "Parce que vous m'avez fourni des armements. Parce que vous m'avez aidé."

"Ça n'a pas de sens", dis-je.

"N'est-ce pas ?" Il s'est détourné de moi pendant une seconde. Lorsqu'il se retourna , il ressemblait davantage au général Rawlinson Hollerith qu'à un cadavre. "Vous m'avez attiré des fanatiques, des hommes qui détestaient le gouvernement."

"Bien?"

"Ils ne pensent pas clairement", a-t-il déclaré. "Il n'y a pas de place dans leur esprit pour autre chose que cette haine. Et ils sont démocrates, tout comme nous tous. Ils votent."

"C'est vous qui avez organisé ça", dis-je. "Je n'avais rien à voir avec cela."

Il acquiesca. "Je sais," dit-il. "Il y a des endroits où la démocratie ne fonctionne tout simplement pas. C'est comme une force armée. Tant que la plupart des membres pensent la même chose, tout va bien. Mais quand un nouveau facteur entre en jeu, eh bien, personne ne sait pour quoi il vote. car.

Cela devient une question de préférence personnelle – ce qui n'est pas une façon de mener une guerre.

"Très bien," dis-je. "Mais je t'ai acheté les hommes et leurs armes..."

" Bien sûr que tu l'as fait," dit-il. "Vous m'avez apporté tout ce dont j'avais besoin pour me pendre." Il leva la main. "Je ne dis pas que tu as travaillé contre moi. Tu n'étais pas obligé de le faire."

"Je t'ai eu tout ce que tu voulais", dis-je.

"Bien sûr," dit-il. "Avez-vous déjà entendu parler du jujitsu ?"

"JE-"

"Tu as utilisé ma force contre moi", dit-il. "Vous m'avez obtenu ce que je voulais et vous l'avez fait de telle manière que cela me ruinerait."

"Mais l'attaque a été un succès", dis-je.

Il secoua la tête. "Combien d'hommes vont revenir ?" il a dit. "Cinquante ? Soixante ? Combien d'entre eux vont se perdre là-bas, retourner en ville, essayer d'affronter Nouveau Didyme avec un radiateur et rien d'autre ? Combien d'entre eux ont eu toute l'excitation qu'ils voulaient ? Ce sont je vais rentrer chez moi. Un succès—"

Il fit une pause. J'ai attendu.

"Il y avait un général en Grèce dans l'Antiquité", a-t-il déclaré. "Un général nommé Pyrrhus. Il a gagné une bataille une fois et y a perdu la plupart de ses hommes. 'Pour ma part,' dit-il, 'une autre victoire comme celle-ci et nous sommes perdus.' C'est le genre de succès que nous avons eu."

Hollerith avait un cerveau. "Une victoire à la Pyrrhus", dis-je.

"Et vous savez tout", dit-il. "Tu l'as planifié de cette façon."

J'ai haussé les épaules. "En faisant ce que tu voulais", dis-je.

Il hocha la tête, très lentement.

"Et maintenant?" Dis-je doucement.

Il a agi pendant une seconde comme s'il ne m'entendait pas. Puis il a parlé. "Maintenant", a-t-il déclaré, "nous revenons en arrière. La démocratie est un outil limité, comme toute autre chose. Aucun outil n'est si bon qu'il puisse être utilisé dans tous les cas, sur tous les problèmes. Nous avions tort. Nous ferions mieux de l'admettre. et reviens."

"Mais vos hommes—"

"Les bons connaissent la vérité maintenant", a-t-il déclaré, "tout comme moi. Les autres... ils ne peuvent rien faire d'autre, sans moi et sans le reste de la force."

Je pris une profonde inspiration. Tout était fini.

"Et maintenant," dit-il soudainement, "je veux que tu me dises qui tu es."

"JE-"

"Pas James Carson", dit-il. "Et pas d' Ancarta . Pas même de Wohlen."

"Comment savez-vous?" J'ai dit .

"Personne sur cette planète", a-t-il déclaré, "ne ferait ce travail de cette manière. Je connais suffisamment les meilleurs hommes pour en être sûr. Vous êtes du Comité."

"C'est vrai", dis-je.

"Mais... qui es-tu ? Quelle force ? Quelle armée ?"

"Pas d'armée", dis-je. "Vous pourriez m'appeler un enseignant ; mon corps est composé d'enseignants. Nous donnons des cours là où les cours sont nécessaires."

"Un professeur," dit-il doucement. Beaucoup de temps s'est écoulé. "Eh bien," a-t-il demandé, "est-ce que je réussis le cours ?"

"Tu réussis", lui dis-je. "Vous réussissez... avec des notes élevées, Général."

J'étais hors de la planète en vingt-quatre heures. Non pas que le Père Noël ne voulait pas que je reste plus longtemps, quand je lui ai raconté ce qui s'était passé. Bon sang, il voulait organiser un banquet et seize discours en mon honneur. J'étais à nouveau une sainte idole. J'étais surhumain.

J'étais content de m'enfuir. Qu'est-ce qui leur fait penser qu'un homme est spécial, simplement parce qu'il utilise son cerveau de temps en temps ?

LA FIN

www.ingramcontent.com/pod-product-compliance
Lightning Source LLC
Chambersburg PA
CBHW051422130726

47989CB00007B/3032